書名：命學採驪集
系列：心一堂術數珍本古籍叢刊　星命類
作者：〔民國〕張巢雲

主編、責任編輯：陳劍聰
心一堂術數珍本古籍叢刊編校小組：陳劍聰　素聞　梁松盛　鄒偉才　虛白盧主

出版：心一堂有限公司
地址／門市：香港九龍尖沙咀東麼地道六十三號好時中心LG 六十一室
電話號碼：+852-6715-0840
網址：www.sunyata.cc
電郵：sunyatabook@gmail.com
網上書店：http://book.sunyata.cc
網上論壇：http://bbs.sunyata.cc/

版次：二零一三年九月初版
平裝

　　　港幣　　九十八元正
定價：人民幣　九十八元正
　　　新台幣　三百八十元正

國際書號：ISBN 978-988-8266-11-1

香港及海外發行：香港聯合書刊物流有限公司
地址：香港新界大埔汀麗路三十六號中華商務印刷大廈三樓
電話號碼：+852-2150-2100
傳真號碼：+852-2407-3062
電郵：info@suplogistics.com.hk

台灣發行：秀威資訊科技股份有限公司
地址：台灣台北市內湖區瑞光路七十六巷六十五號一樓
電話號碼：+886-2-2796-3638
傳真號碼：+886-2-2796-1377
網路書店：www.govbooks.com.tw
　　　　　www.bodbooks.com.tw
經銷：易可數位行銷股份有限公司
地址：台灣新北市新店區寶橋路二三五巷六弄三號五樓
電話號碼：+886-2-8911-0825
傳真號碼：+886-2-8911-0801
email：book-info@ecorebooks.com
易可部落格：http://ecorebooks.pixnet.net/blog

中國大陸發行・零售：心一堂書店
深圳地址：中國深圳羅湖立新路六號東門博雅負一層零零八號
電話號碼：+86-755-8222-4934
北京地址：中國北京東城區雍和宮大街四十號
心一店淘寶網：http://sunyatacc.taobao.com

心一堂術數古籍珍本叢刊 總序

術數定義

術數，大概可謂以「推算、推演人（個人、群體、國家等）、事、物、自然現象、時間、空間方位等規律及氣數，並或通過種種『方術』，從而達致趨吉避凶或某種特定目的」之知識體系和方法。

術數類別

我國術數的內容類別，歷代不盡相同，例如《漢書・藝文志》中載，漢代術數有六類：天文、曆譜、無行、蓍龜、雜占、形法。至清代《四庫全書》，術數類則有：數學、占候、相宅相墓、占卜、命書、相書、陰陽五行、雜技術等，其他如《後漢書・方術部》、《藝文類聚・方術部》、《太平御覽・方術部》等，對於術數的分類，皆有差異。古代多把天文、曆譜、及部份數學均歸入術數類，而民間流行亦視傳統醫學作為術數的一環；此外，有些術數與宗教中的方術亦往往難以分開。現代學界則常將各種術數歸納為五大類別：命、卜、相、醫、山，通稱「五術」。

本叢刊在《四庫全書》的分類基礎上，將術數分為九大類別：占筮、星命、相術、堪輿、選擇、三式、讖緯、理數（陰陽五行）、雜術。而未收天文、曆譜、算術、宗教方術、醫學。

術數思想與發展——從術到學，乃至合道

我國術數是由上古的占星、卜蓍、形法等術發展下來的。其中卜蓍之術，是歷經夏商周三代而通過「龜卜、蓍筮」得出卜（卦）辭的一種預測（吉凶成敗）術，之後歸納並結集成書，此即現傳之《易經》。經過春秋戰國至秦漢之際，受到當時諸子百家的影響、儒家的推崇，遂有《易傳》等的出現，原本是卜蓍術書的《易經》，被提升及解讀成有包涵「天地之道（理）」之學。因此，《易・繫辭傳》曰：「易與天地準，故能彌綸天地之道。」

漢代以後，易學中的陰陽學說，與五行、九宮、干支、氣運、災變、律曆、卦氣、讖緯、天人感應說等相結

合，形成易學中象數系統。而其他原與《易經》本來沒有關係的術數，如占星、形法、選擇，亦漸漸以易理（象數學說）為依歸。《四庫全書・易類小序》云：「術數之興，多在秦漢以後。要其旨，不出乎陰陽五行，生尅制化。實皆《易》之支派，傅以雜說耳。」至此，術數可謂已由「術」發展成「學」。

及至宋代，術數理論與理學中的河圖洛書、太極圖、邵雍先天之學及皇極經世等學說給合，通過術數以演繹理學中「天地中有一太極，萬物中各有一太極」（《朱子語類》）的思想。術數理論不單已發展至十分成熟，而且也從其學理中衍生一些新的方法或理論，如《梅花易數》、《河洛理數》等。

在傳統上，術數功能往往不止於僅僅作為趨吉避凶的方術，及「能彌綸天地之道」的學問，亦有其「修心養性」的功能，「與道合一」（修道）的內涵。《素問・上古天真論》：「上古之人，其知道者，法於陰陽，和於術數。」數之意義，不單是外在的算數、歷數、氣數，而是與理學中同等的「道」、「理」—心性的功能，北宋理氣家邵雍對此多有發揮：「聖人之心，是亦數也」、「萬化萬事生乎心」、「心為太極」。《觀物外篇》：「先天之學，心法也。……蓋天地萬物之理，盡在其中矣，心一而不分，則能應萬物。」反過來說，宋代的術數理論，受到當時理學、佛道及宋易影響，認為心性本質上是等同天地之太極。天地萬物氣數規律，能通過內觀自心而有所感知，即是內心也已具備有術數的推演及預測、感知能力；相傳是邵雍所創之《梅花易數》，便是在這樣的背景下誕生。

《易・文言傳》已有「積善之家，必有餘慶；積不善之家，必有餘殃」之說，至漢代流行的災變說及讖緯說，我國數千年來都認為天災，異常天象（自然現象），皆與一國或一地的施政者失德有關；下至家族、個人之盛衰，也都與一族一人之德行修養有關。因此，我國術數中除了吉凶盛衰理數之外，人心的德行修養，也是趨吉避凶的一個關鍵因素。

術數與宗教、修道

在這種思想之下，我國術數不單只是附屬於巫術或宗教行為的方術，又往往已是一種宗教的修煉手段—通過術數，以知陰陽，乃至合陰陽（道）。「其知道者，法於陰陽，和於術數。」例如，「奇門遁甲」術中，即分為「術奇門」與「法奇門」兩大類。「法奇門」中有大量道教中符籙、手印、存想、內煉的內容，是道教內丹外法的一種重要外法修煉體系。甚至在雷法一系的修煉上，亦大量應用了術數內容。此外，相術、堪輿術中也有修煉望氣色的方法；堪輿家除了選擇陰陽宅之吉凶外，也有道教中選擇適合修道環境（法、財、侶、地中的地）的方法，以至通過堪輿術觀察天地山川陰陽之氣，亦成為領悟陰陽金丹大道的一途。

易學體系以外的術數與的少數民族的術數

我國術數中，也有不用或不全用易理作為其理論依據的，如楊雄的《太玄》、司馬光的《潛虛》。也有一些占卜法、雜術不屬於《易經》系統，不過對後世影響較少而已。

外來宗教及少數民族中也有不少雖受漢文化影響（如陰陽、五行、二十八宿等學說）但仍自成系統的術數，如古代的西夏、突厥、吐魯番等占卜及星占術，藏族中有多種藏傳佛教占卜術、苯教占卜術、擇吉術、推命術、相術等；北方少數民族有薩滿教占卜術；不少少數民族如水族、白族、布朗族、佤族、彝族、苗族等，皆有占雞（卦）草卜、雞蛋卜等術，納西族的占星術、占卜術，彝族畢摩的推命術、占卜術…等等，都是屬於《易經》體系以外的術數。相對上，外國傳入的術數以及其理論，對我國術數影響更大。

曆法、推步術與外來術數的影響

我國的術數與曆法的關係非常緊密。早期的術數中，很多是利用星宿或星宿組合的位置（如某星在某州或某宮某度）付予某種吉凶意義，并據之以推演，例如歲星（木星）、月將（某月太陽所躔之宮次）等。不過，由於不同的古代曆法推步的誤差及歲差的問題，若干年後，其術數所用之星辰的位置，已與真實星辰的位置不一樣了；此如歲星（木星），早期的曆法及術數以十二年為一周期（以應地支），與木星真實周期十一點八六年，每幾十年便錯一宮。後來術家又設一「太歲」的假想星體來解決，是歲星運行的相反，週期亦剛好是十二年。而術數中的神煞，很多即是根據太歲的位置而定。又如六壬術中的「月將」，原是立春節氣後太陽躔娵訾之次而稱作「登明亥將」，至宋代，因歲差的關係，要到雨水節氣後太陽才躔娵訾之次，當時沈括提出了修正，但明清時六壬術中「月將」仍然沿用宋代沈括修正的起法沒有再修正。

由於以真實星象周期的推步術是非常繁複，而且古代星象推步術本身亦有不少誤差，大多數術數除依曆書保留了太陽(節氣)、太陰(月相)的簡單宮次計算外，漸漸形成根據干支、日月等的各自起例，以起出其他具有不同含義的眾多假想星象及神煞系統。唐宋以後，我國絕大部份術數都主要沿用這一系統，也出現了不少完全脫離真實星象的術數，如《子平術》、《紫微斗數》、《鐵版神數》等。後來就連一些利用真實星辰位置的術數，如《七政四餘術》及選擇法中的《天星選擇》，也已與假想星象及神煞混合而使用了。

隨着古代外國曆(推步)、術數的傳入，如唐代傳入的印度曆法及術數，元代傳入的回回曆等，其中我國占星術便吸收了印度占星術中羅睺星、計都星等而形成四餘星，又通過阿拉伯占星術而吸收了其中來自希臘、巴比倫占星術的黃道十二宮、四元素學說(地、水、火、風)，並與我國傳統的二十八宿、五行說、神煞系統並存而形成《七政四餘術》。此外，一些術數中的北斗星名，不用我國傳統的星名：天樞、天璿、天璣、天權、玉衡、開陽、搖光，而是使用來自印度梵文所譯的：貪狼、巨門、祿存、文曲，廉貞、武曲、破軍等，此明顯是受到唐代從印度傳入的曆法及占星術所影響。如星命術的《紫微斗數》及堪輿術的《撼龍經》等文獻中，其星皆用印度譯名。及至清初《時憲曆》，置潤之法則改用西法「定氣」。清代以後的術數，又作過不少的調整。

術數在古代社會及外國的影響

術數在古代社會中一直扮演着一個非常重要的角色，影響層面不單只是某一階層、某一職業、某一年齡的人，而是上自帝王，下至普通百姓，從出生到死亡，不論是生活上的小事如洗髮、出行等，大事如建房、入伙、出兵等，從個人、家族以至國家，從天文、氣象、地理到人事、軍事，從民俗、學術到宗教，都離不開術數的應用。如古代政府的中欽天監(司天監)，除了負責天文、曆法、輿地之外，亦精通其他如星占、選擇、堪輿等術數，除在皇室人員及朝廷中應用外，也定期頒行日書、修定術數，使民間對於天文、日曆用事吉凶及使用其他術數時，有所依從。

在古代，我國的漢族術數，甚至影響遍及西夏、突厥、吐蕃、阿拉伯、印度、東南亞諸國、朝鮮、日本、越南等地，其中朝鮮、日本、越南等國，一至到了民國時期，仍然沿用着我國的多種術數。

術數研究

術數在我國古代社會雖然影響深遠，「是傳統中國理念中的一門科學，從傳統的陰陽、五行、九宮、八卦、河圖、洛書等觀念作大自然的研究。……傳統中國的天文學、數學、煉丹術等，要到上世紀中葉始受世界學者肯定。可是，術數還未受到應得的注意。術數在傳統中國科技史、思想史，文化史、社會史，甚至軍事史都有一定的影響。……更進一步了解術數，我們將更能了解中國歷史的全貌。」（何丙郁《術數、天文與醫學 中國科技史的新視野》，香港城市大學中國文化中心。）

可是術數至今一直不受正統學界所重視，加上術家藏秘自珍，又揚言天機不可洩漏，「（術數）乃吾國科學與哲學融貫而成一種學說，數千年來傳衍嬗變，或隱或現，全賴一二有心人為之繼續維繫，賴以不絕，其中確有學術上研究之價值，非徒癡人說夢，荒誕不經之謂也。其所以至今不能在科學中成立一種地位者，實有數困。蓋古代士大夫階級目醫卜星相為九流之學，多恥道之；而發明諸大師又故為惝恍迷離之辭，以待後人探索；間有一二賢者有所發明，亦秘莫如深，既恐洩天地之秘，複恐譏為旁門左道，始終不肯公開研究，成立一有系統說明之書籍，貽之後世。故居今日而欲研究此種學術，實一極困難之事。」（民國徐樂吾《子平真詮評註》，方重審序）

現存的術數古籍，除極少數是唐、宋、元的版本外，絕大多數是明、清兩代的版本。其內容也主要是明、清兩代流行的術數，唐宋以前的術數及其書籍，大部份均已失傳，只能從史料記載、出土文獻、敦煌遺書中稍窺一麟半爪。

術數版本

坊間術數古籍版本，大多是晚清書坊之翻刻本及民國書賈之重排本，其中豕亥魚魯，或而任意增刪，往往文意全非，以至不能卒讀。現今不論是術數愛好者，還是民俗、史學、社會、文化、版本等學術研究者，要想得一常見術數書籍的善本、原版，已經非常困難，更遑論稿本、鈔本、孤本。在文獻不足及缺乏善本的情況下，要想對術數的源流、理法、及其影響，作全面深入的研究，幾不可能。

有見及此，本叢刊編校小組經多年努力及多方協助，在中國、韓國、日本等地區搜羅了一九四九年以前漢文為主的術數類善本、珍本、鈔本、孤本、稿本、批校本等千餘種，精選出其中最佳版本，以最新數碼技術清理、修復版面，更正明顯的錯訛，部份善本更以原色精印，務求更勝原本，以饗讀者。不過，限於編校小組的水平，版本選擇及考證、文字修正、提要內容等方面，恐有疏漏及舛誤之處，懇請方家不吝指正。

心一堂術數古籍珍本叢刊編校小組

二零零九年七月

丁卯荷月

命學探驪集

李紹辰題

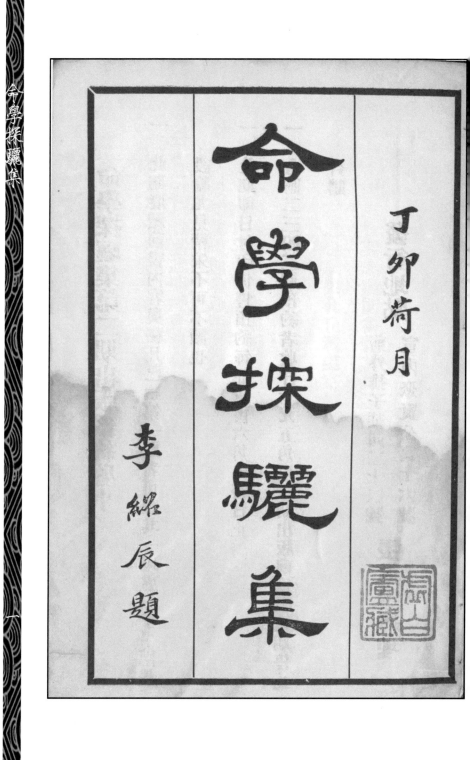

命學探驪集第二期出版預約啓事

一 此期賡續前書內容奧秘凡已讀第一期者可窺其一斑虛中子平兩集設論尤見精采不可不讀也

一 此期即日付印仍售預約每部減售六角出書日止

一 合購二三四三期預約者收洋壹元五角以二期出版前為限逾期停止合購

發行地點 前外排子胡同二十二號

宣內聚賢公寓十六號 張巢雲經理

自叙

夫君子貞固以行其志窮則獨善其身達則兼善天下似顯晦基於所志非其命之所能左右之也哉然孔丘載道空位素王賈生負奇貶傅遠國至李廣之不侯劉蕡之下第以帝師之資將相之才而不遇似非志之所能爲實賦命之不淑也孔子曰居易以俟命孟子曰順受其正是則先聖所訓卽盡人事以聽天命也於以知懷瑾握瑜乃顯之資乘時藉勢乃達之道二者雖不可得兼然非兼二者無以伸其志嗚呼此貴命之所以爲貴也夷考命術之學盛於有唐完於有明衍於今日有日盛之勢察其實則智者嗤其誕愚者昧其理而術者更故作玄說於是有價值之學不可言矣愚不敏嗜之有年命術之書讀之殆

盡不揣簡陋本之鄙見以成斯書專重實用力避鈔襲所論刑冲合化以迺起用等節均前人所未發本之實驗盡舉視同好此書一出愚學盡矣至於文辭之不雅馴則因學術之書但求明顯有異乎文集也幸閱者諒之外集所附李虛中徐子平珞琭子舒季英命書均少通行之本爲學者所想望而不可得之書盡以付印以公同好中多奧旨幸勿輕視之也因付印略識原委以作弁言

時在丁卯夏日識於遊雲室

凡例

一　本書爲論理體例重理論四柱大小運限推起之法俱不詳僅附於釋名篇內蓋各書習見之法不難得之故不列以免虛占篇幅

一　花甲納音下所附之二小字乃論納音五行之性者錄之於飛星斗數詳玩之可明其音之用

一　本書力避抄襲偶有錄及滴天髓等書亦必精義確論不刊之理

一　神煞篇所舉起用之法迥不相同非故標新說實有至理並本之經驗而列之

一　論命須知章所論均極切要故舉之學教詳參之或得少許

益處

一　本書未收外格雜格謹於釋名列之因其龐雜擾亂用神故去之

一　本書兼收附集爲李虛中命書三卷徐子平註消息賦二卷珞琭子指迷賦一卷乾元秘旨一卷並擬附滴天髓一書但以篇章多寡以定去取

一　本書原擬一期出齊嗣以時間經濟及他種關係不果行乃分印四期出書由七月起至年底准出齊既易於印行尤便於購閱蓋社會金融緊迫有難以兼金購閱者是則分期較能普遍也

目錄

上卷

附集

命學探驪集 上卷

第一章　五行大義

古涿張巢雲著

萬物之母水火而已故天一生水地二生火三曰木四曰金五曰土五者全而人事備矣五行之理始於相生終於相克生以成其仁克以成其義是則春生秋殺之道也水者位於北方於支屬亥子丑於干屬壬癸於時爲冬而陰之極也陰極則陽生焉水生木木者位於東方於支屬寅卯辰於干屬甲乙於時爲春陽之初生其性和由和而強木生火火者位於南方於支屬巳午未於干屬丙丁於時爲夏秉陽剛之德盛極則衰火生土土者位乎中央於支屬辰戌丑未於干屬戊己秉氣於四時土生金金者位於西方於支屬申酉戌於干屬庚辛於時爲秋由陽轉陰金生水夫五行

之生也盛極則殺木臨金方炎極則寒夏至冬令故衍成相剋之機是以金剋木木剋土土剋水水剋火火剋金盛不可再盛剋以成其義殺不可再殺生以成其仁盈虛消長寒暑持平皆一生一剋之功也

五行所屬

天干　甲木丙火戊土庚金壬水　陽干也

乙木丁火己土辛金癸水　陰干也

地支　子水寅木辰土午火申金戌土　陽支也

丑土卯木巳火未土酉金亥水　陰支也

五行六合化氣

甲己化土乙庚化金丙辛化水丁壬化木戊癸化火是爲天干化合

子丑化土寅亥化木卯戌化火辰酉化金巳申化水午未合爲日月同照是爲地

支化合

五行三合化氣

寅午戌化火陽火申子辰化水陽水巳酉丑化金陰金亥卯未化木陰木三合之局斯非眞體

乃五行生旺庫之地

六合化生

丁壬合生甲己壬乃甲之母丁乃甲之父丁生己己以壬爲父丁乃己之母甲己再合己生辛甲生丙丙辛再合丙生戊辛生癸戊癸再合戊生庚癸生乙乙庚再合乙生丁庚生壬丁壬再合復生甲己周而復始人只知木生火火生土土生金金生水水生木而不知陰生陰陽生陽陽產陰爲父陰產陽爲母也此節乃徐子平

所論並說甚新故節刊之

甲子乙丑海中金 沈潛
丙寅丁卯爐中火 發揮
戊辰己巳大林木 盛茂
庚午辛未路傍土 成形
壬申癸酉劍鋒金 鋒銳
甲戌乙亥山頭火 休息
丙子丁丑澗下水 未通
戊寅己卯城頭土 成物
庚辰辛巳白臘金 滿發
壬午癸未楊柳木 誇逞
甲申乙酉泉中水 息靜
丙戌丁亥屋上土 成效
戊子己丑霹靂火 號令
庚寅辛卯松柏木 氣旺
壬辰癸巳長流水 勢盛
甲午乙未沙中金 質隱
丙申丁酉山下火 形藏
戊戌己亥平地水 藏伏
庚子辛丑壁上土 閉塞
壬寅癸卯金箔金 柔弱

甲辰乙巳覆燈火 高明　丙午丁未天河水 升降
戊申己酉大驛土 滯息　庚戌辛亥釵釧金 藏質
壬子癸丑桑柘木 蟲屈　甲寅乙卯大溪水 涓流
丙辰丁巳砂中土 厚壯　戊午己未天上火 光輝
庚申辛酉石榴木 成實　壬戌癸亥大海水 汪洋

五行生剋衰旺之理

金賴土生土多金埋　土賴火生火多土焦
火賴木生木多火熾　木賴水生水多木漂
水賴金生金多水濁
金能生水水多金沉　水能生木木盛水縮
木能生火火焰木焚　火能生土土多火晦

土能生金金多土變

金能剋木木堅金缺　木能剋土土重木折

土能剋水水多土流　水能剋火火多水熱

火能剋金金多火熄

金衰遇火必見銷鎔　火弱逢水必爲熄滅

木强逢金必爲砍折　水弱逢土必爲淤塞

土衰逢木必遭傾陷

强金得水方挫其鋒　强水得木方洩其氣

强木得火方化其頑　强火得土方止其焰

强土得金方制其害

細參此五者五行之變盡之矣

第二章　干支引義

天干十位

甲木參天脫胎要火春不容金秋不容土火熾乘龍水蕩騎虎地闊天長植立千古

乙木雖柔刲羊解牛懷丁抱丙跨鳳乘猴虛濕之地騎馬亦憂藤蘿附甲可春可秋

丙火猛烈欺霜侮雪能煆庚金從辛反怯土眾生慈水猖顯節虎馬犬鄉甲來焚滅

丁火柔中內性昭融抱乙而孝合壬而忠旺而不烈衰而不窮如有嫡母可秋可冬

戊土固重既中且正靜翕動闢萬物司命水潤物生火燥物病若

在艮坤怕冲宜靜

己土卑濕中正蓄藏不愁木盛不畏水狂火少火晦金多金光若要物旺宜助宜帮

庚金帶煞剛健爲最得水而清得火而銳土潤則生土乾則脆能羸甲兄輸於乙妹

辛金軟弱溫潤而清畏土之多樂水之盈能扶社稷能救生靈熱則喜母寒則喜丁

壬水通河能洩金氣剛中之德週流不滯通根透癸冲天奔地化則有情從則相濟

癸水至弱達於天津得龍而潤功化斯神不愁火土不論庚辛合戊見火化象斯眞

以上十干論理眞切可以概視羣書乃滴天髓原文特表而出之

地支十二位

子水爲由陰入陽之路以陰視之固非以陽視之亦悞也命理中子時最難推斷生在前四刻爲今日之子後四刻則明日之子也今之八字得準時尚難遑言分刻此子時所以多誤也唯有逢子時命造先審其經過而後用兩日四柱消息看何者爲是則便於斷定也子宮人元癸六壬三辛一若完全以癸水視之則悞爲癸之祿元

丑土二陽之體爲萬物樞紐陽盛之道也丑宮人元己五癸三辛二爲金庫命中缺癸辛逢之爲吉作庫用喜刑冲

寅木爲火土長生之地甲木臨官之鄉陽之盛也切忌刑冲透甲

喜亥合寅宮人元甲六丙戊各二火盛運忌南行木不南奔是也
卯木木之盛也氣象繁華爲乙木臨官之地雖旺仍不可用金秋
生不作此論未月歸庫其體最强卯宮人元乙七甲三癸初生
辰土水土之庫啓而不閉與他庫異萬物之理生於辰巳終於戌
亥故辰爲萬物之根賴其培養甲至此而衰乙至此尚旺壬終癸
繼最忌戌冲辰宮人元戊六乙三癸一
巳火六陽之極而陰復故庚生焉丙戊之臨官喜靜忌冲不宜行
木火之地恐成燒天烈焰也巳宮人元丙六戊二庚二
午火炎炎烈焰陽止陰生喜行東南西北則失爲丁己臨官之地
忌子相冲喜寅戌之合午宮人元丁六己二乙初生丙勢仍存
未土三伏生寒火氣暗虧逢亥卯則化木乙木至此爲逢本庫之

論宜戌丑之刑沖始得以濟用若以土用最喜丙丁未宮人元己
五乙丁各二二五庚氣暗强
申金是乃坤維爲水土之生方子辰會局洩旺爲吉金水相涵清
華之體忌火之煉忌土之埋尤忌寅之沖申宮人元庚五戊二壬
三庚金臨官之地
酉金癸多淸華金白水清運喜西北最忌東南逢巳丑合局以堅
銳雖透辛亦勿視等溫柔乃人生日用之金也爲辛之臨官酉宮
人元辛五庚三丁二
戌土是乃火庫爲文明之府煉秋金以爲用喜逢辰以爲權戌宮
人元戊六辛三丁一
亥水爲六陰之地雨雪載途天地凝閉爲水之聚處喜用丙丁爲

之調節寒氣方得濟用乃壬水之臨官亥宮人元壬七癸二甲一兼藏戊土

第三章　五行干支之變化

干支五行推命之原理

中國之命術始於觀星由天變而決人禍載籍多有班班可考然亦僅以決君相國祚之盛衰禍福耳初未聞用之決各人之吉凶也其道至唐大備以星宿決人休咎言之成理而驗者則星宗等書是也至李虛中始成以干支代星曜之法其法簡而便而其理則世多莫之或知讀乾元秘旨始知以干支代星曜之理特節錄之甲代火星乙代孛星丙代木星丁代金星戊代土星己代月星庚代水星辛代炁星壬代計星癸代羅星其中有正理存焉竊嘗

從元星天道立極之圖及元星仰觀天文之圖而窮極之日月麗乎天日午月未地勢起於北子丑皆土天道左旋寅配春屬木卯配夏屬火辰配秋屬金巳配冬屬水地道右轉亥配春屬木戌配夏屬火酉配秋屬金申配冬屬水惟子丑合而屬土故戊歸丑己歸子寅亥合屬木故甲歸寅乙歸亥卯戌合屬火故丙歸卯丁歸戌辰酉合屬金故庚歸辰辛歸酉巳申合屬水故壬歸巳癸歸申寅卯辰巳皆陽位也陽居陽位故甲丙庚壬居之申酉戌亥皆陰位也陰居陰位故癸辛丁乙居之子之視亥戌酉申自北而西陰之極也故己居子丑之寅卯辰巳乃由北而東南陽之始也故戊居丑丑爲土之初基巳爲土之中位故土星歸丑計星歸巳寅乃火甫見之方申乃火將滅之地故火星歸寅羅星歸申卯爲木之

盛酉爲木之衰故木星歸卯炁星歸酉辰爲納水之府亥爲出水之區故水星歸辰孛星歸亥獨金星好殺而天道好生故藏金星於戌並使無餘氣午爲日位日居之未爲月位月居之月固借日光以爲光必沖對始望日既居午故月亦居子以干配支故甲火星乙字星丙木星丁金星戊土星己月星庚水星辛炁星壬計星癸羅星此干支之來源也謂干支爲五星代名詞亦可謂爲符號亦可也明此則可定其運用之方也

六合之原理

甲與己合月借火煖乙與庚合孛資水勢丙與辛合炁叨木蔭丁與壬合金賴計生戊與癸合土用羅恩午與未合月藉日光蓋化象之合適以相成如此耳夫甲丙戊庚壬爲五陽干各與正財合

癸辛丁乙己爲五陰干各與正官合是尤見合之爲義大而化象之體精用博也

六冲之原理

子午冲而犯君丑未冲而掩光寅申冲而炎燥巳亥冲而克害卯酉冲而侵淩辰戌冲而洩漏蓋地支之冲實以相虧如此也

計	日	月	羅
水	元星天道立極之圖		炁
木			金
火	土	月計	孛

壬計 巳	太陽 午	太陰 未	癸羅 申
庚水 辰	元星仰觀天文之圖		辛炁 酉
丙木 卯			丁金 戌
甲火 寅	戊土 丑	己月 子	乙孛 亥

以上三節見乾元秘旨而今命學由五星入子平少知其理其以干支代星曜更無論矣以上所論頗具理致故節錄之

天干化合之理及其義意

天干之合原具配偶之意一克一從則合亦猶夫婦之道君臣之義用其克也以維綱常故合非兩大也如妻聽命於夫臣受命於君相制以相維而成其家國陰從陽順也故甲己合而化土乙從庚而化金丙辛合而化水壬合丁而化木戊癸合而化火以上十干陽見陰而必合然而未必化化則須得氣得時也故甲己化土須在四季之中乙庚化金須當金盛之令戊癸化火須在火盛之時丁壬化木須當三春之會丙辛化水須在水盛之位故從化雖為貴但難得其眞大底合者多而化者少也其化之意如夫婦和

而生子蓋一合之後而化象卽其產生之物也故論命不能棄五行專從化象蓋化象非得時得地審其千眞萬確不能用之也既眞而其間亦有得失之分試分述之甲己化土爲中正之合主厚重安詳其福遠大乙庚爲仁義之合主有猷有守剛毅果敢職近兵刑丙辛爲威制之合逢申子辰則奮發乃極陽極陰之合故主威儀棣棣嚴肅剛方若不化丙從辛怯則失威辛見丙亦失力兩無其用丁壬爲淫佚之合逢亥卯未則貴失時則多行不義從下忘反且多邪緣戊癸爲無情之合主老大非偶得失無常兼多誤入歧途之感諗此五者則視合卽爲吉或不盡然也

分論合與爭合其間之得失

甲己合如二甲一己或二己一甲則爲爭合不能合也且生爭端

諸所掣肘他同此論然亦有喜其爭者如壬水日主逢戊煞喜甲木制煞化權若見己則甲己化反以助煞如歲運再逢甲或己以爭破合煞不失制則因禍而得福如甲用庚煞而乙刃合庚凶爲吉兆若歲運再逢庚或乙爭合破局庚反攻甲乃因福而得禍至若四柱之間年月合其情近日時合其情切時與月日與年相隔生阻則難合强用則力微勉用則無濟是則固不如棄而別取也

論用神不可逢合

化象用神尚可用合局用神不可取如壬水以丙爲財以辛爲印丙戀辛則非壬之財也辛從丙則非壬之印也且丙辛化水反爾成刼或壬用丁財若丁居年上月干見壬則年月合日主無財也若丁居時干則爲日主所專非年月干之壬所能刦也總之用神

寧取特立獨行毋取瞻顧有情稍有依戀用即不專於此須特加注意也

論化象用神取法

如丙辛化水遁起庚寅則庚寅辛卯爲印綬壬辰癸巳爲比刼甲午乙未爲食傷丙申丁酉爲財星戊戌己亥爲官煞照上取用四柱逢本遁二三位不反背即爲中上之命本遁之用神其情眞其用切他遁則寡效也其他四遁亦由五虎遁推用故從簡

論同宮之合

壬甲合同宮於亥甲丙戊合同宮於寅庚壬戊合同宮於申庚丙戊合同宮於巳只此四宮爲重而可用如地支金局而干透壬甲則爲天馬騰空格其他同此論正所謂無合有合者也如甲丙戊

三干透天地支見寅不以剋制論是爲有情能化凶解煞功用深切不可忽視之也

地支三合

李虛中曰申子辰等三合之局斯非眞體乃五行生旺庫之地也若不得時得地固可作此論若亥卯未木生於春寅午戌火生於夏巳酉丑金生於秋申子辰水生於冬其氣彌强焉可不以眞五行視之哉眞假之體須以時分之不可預作定論也但此四局水火爲陽金木爲陰多有不注意者旣有陰陽之分即生偏正之別關係綦重也至於三合之理則異乎六合之配偶也以水局論金生水故申爲庚金之臨官即爲壬水之長生故申爲水之源頭子乃水之旺位辰乃水之歸納之庫亦猶夫人有少中晚之別也他

局同論

地支六合

地支六合亦異於干合也由午未起點蓋午乃太陽未乃太陰說見第三章第一節由日月合璧而及於列星其理如下圖

如上圖起於午未終於子丑蓋午乃陽之極未乃陰之始以次推則巳申合辰酉合卯戌合寅亥合子丑合其理見前觀星一節故

午未合爲日月同照巳申合水辰酉合金寅亥合木卯戌合火子丑合土惟天干合化必注重節序地支之合化則多不論以理言則亦應視等天元也但支合其性與干尤異蓋起於相克相爭也如寅亥合亥宮壬水克寅宮丙火寅宮戊土救丙而克壬亥宮甲木護壬而克戊而寅宮甲木起與相爭力等不相勝唯有於合蓋地支之合有同類相害之意尤不可盡以吉視之也至若卯戌則爲降伏之合蓋卯宮乙木克戌宮戊土戌中辛金制伏乙木故逢卯戌之乍合必生拂逆隨即順適無違辰酉雖合金逢之却主酒色留連多有外緣巳申刑合笑中藏刀多受其害凡此種種尤應格外參究也

同上附例

前節乃而今通行之支合名爲六合實非六合也宋時所用六合與此大異特錄之以備一格

寅合未未合子子合巳巳合戌戌合卯卯合申申合丑丑合午午合亥亥合辰辰合酉酉合寅也爲陰陽律呂之正配

干支合之緒論

今之談命者多視合爲吉初不盡然其中亦多因合生咎者即所謂吉會凶會是也但既然用合雖吉亦有別須同旬同遁始可用之其效遠大異旬異遁則力微也何爲同旬之合如甲子旬甲子至己巳則天干甲己合而地支子巳亦合也戊辰至癸酉戊癸合而辰酉亦合也即所謂眞六合是也同遁之合即丙辛遁起庚寅則庚寅乙未合是也蓋同旬同遁如家人父子其情切也異旬異

遁則如雇傭其情疏也

干支自合

天干合所居地支人元是爲自合如丁亥壬午戊子己亥辛巳等均是也以丁亥言天元丁火合亥宮壬水是也得之者主不假外力以自強均有卓然自立之才一生福厚祿優之命也專重日主

地支六冲

夫冲者乃物不兩大不並立生互害之意不能幷容故冲也故所冲者均屬對方如南北東西是也夫子午冲南火北水之克戰也子中癸水傷午中丁火午中己土反傷癸水是以子午相遇非火滅即水竭決難兩存卯酉冲乃東西金木相淩也非木折則金缺寅申巳亥亦同此義是乃造化自然之妙蓋有春必有秋生以成

其仁殺以成其義六冲之例如下子午冲卯酉冲寅申冲巳亥冲辰戌冲丑未冲由子起逢六位則冲故謂之六冲也衰來冲旺則發旺來冲衰則破吉凶由是定矣

六冲之關係

子午冲子中癸水冲午中丁火午中己土冲子中癸水子得時則無火午得時則無水也影響於天干者則甲庚是也蓋子午乃甲庚死敗之地再冲則絕矣如人已至危地而更動搖之死倍速矣以下同作此論卯酉冲乃金木之危也關天干者則丙壬是也寅申冲乃生方克戰也關係天干者則癸丁是也巳癸冲亦生方之克戰也關係天干者則辛乙是也惟寅申巳亥最忌冲也滴天髓云生方怕動是也惟辰戌丑未四庫則喜冲以開庫但亦間有忌

者則視八字局勢如何而定耳亦有逢冲則起者甲戌庚則喜寅申冲也總之滴天髓云旺者冲衰衰者拔衰神冲旺旺者發可概視一切也以經驗考之四柱年月冲祖業破敗或父母刑克日時冲妻子欠完美多起伏不定之患運來冲提固甚忌流年冲之亦生是非不寧如乙未甲申乙巳癸未丙寅流年寅來冲申兼演三刑於二月丁憂四月大病幾亡且諸所拂逆七月又生變動然得進行新機小有可爲蓋冲刑並見最凶者也至於身坐亦忌冲如流年相冲不利妻宮或職位變動如上造於癸亥年冲身坐四月進步十月一敗塗地蓋四月則爲冲旺故發十月火絕氣是爲冲衰故破也細心參之不爽些微有如是者也

三刑引義

子刑卯卯刑子爲無禮之刑寅刑巳巳刑申申刑寅爲恃勢之刑丑刑戌戌刑未未刑丑爲無恩之刑辰見辰午見午酉見酉亥見亥爲自刑刑之爲用驗者極重如寅巳申是也逢之絕少倖免不見刑傷亦經破敗歲運會逢極重四柱帶三刑日主旺能用兵刑之任必能顯達日主弱則幼見刑剋中年官非災害丑未戌三刑原乃庫地喜刑然亦不盡然逢之亦出意外傷耗得不償失蓋三刑原已將所藏人元刑動而更一冲故害重福輕也此外如自刑等等逢之小有災疾是非亦不盡驗也凡刑須審其刑出刑入之別始能斷定禍福輕重也刑入則力重刑出則力微也如癸巳日主天元透戊寅來刑巳則戊爲刑入蓋寅乃戊長生巳乃戊臨官皆是其旺地一刑而動其力彌强也如丁卯日主天元透丙子來

刑卯丙爲刑出蓋子卯俱爲丙之敗地一刑之後愈形少力也由衰旺而定强弱不易之道也

論貪合忘冲及忘刑

凡一八字刑冲合並見不能謂之見合而即解刑冲之凶也須辨其主體强弱冲刑之先後夫主體者即用神與大運是也日主亦有關係先審主體所臨之地位是强是弱然後再察刑冲之力輕重判其宜忌然後更審合者之合賓合主如先合主體而後逢冲則重在冲也先冲主體而後逢合則重在合也刑亦作如是論也如以用神爲主則大運爲賓以大運爲主則流年爲賓如能合賓較合主爲吉蓋冲刑起於賓也如王士珍八字辛酉丙申庚子丙戌丁卯年卯來冲酉刑子妙在戌時是乃先刑冲而後合也若齊

燮元八字乙酉庚辰甲寅己巳乃辰酉合而卯來冲破局其利不利由是而定矣

論天干氣勢

滴天髓云五陽從氣不從勢五陰從勢無情義蓋甲丙戊庚壬五陽干得氣當令能卓然顯陽剛之德無論財與煞莫能移之也乙丁己辛癸五陰干從盛以自存如妻之依夫專賴用神歲運以濟之也勢必依盛以立無貞一之德故曰無情義耳

論地支動靜

滴天髓云陽支動且強速達顯災祥子寅辰午申戌陽支也性動而勢強吉凶之效至速至顯又陰支靜且專否泰每經年丑卯巳未酉亥陰支也其性靜其氣專故吉凶之驗遲每經年始見也

論暗冲暗合

凡八字中所無之物所缺之局取地支偏多者暗冲暗合皆能濟用如子多冲午巳多冲亥較明見尤佳二午合未二寅合亥等均是也但須四柱無此物而却急待用之其力始顯如庚辛生子月而子多干支全無火氣則子必能動午火生夏日巳或午多則能冲出亥子爲用但無論冲或合尤須月日同宮或日時同宮始可相隔有絆均不能冲起也

方局辨

方者亥子丑北方也巳午未南方也申酉戌西方也寅卯辰東方也局者寅午戌火局申子辰水局亥卯未木局巳酉丑金局四柱得方則忌局來混之惡盛也如亥子丑水方則水氣已完盛忌

再逢申生之或申子辰成局也若方局相混則運喜南北若成方干更透元神逢生逢庫均非福也如支成巳午未南方而透丙丁之類再逢寅逢戌均不吉也若成局而透官星亦一生名利無成也蓋過旺則忌制伏也

附論以上干支之變化都二十一段不敢云盡其中之能事而大體似已粗備若能匠心自運引而用之升堂入室或亦非難也內中多獨得之秘閱者幸勿忽之也

命學探驪上集卷終

中卷二期續刊

釋名

此篇之輯專爲便於初學以免一切名詞上之障碍凡一專門之學必有特種名詞其言愈簡其義愈深每使學者廢然生畏中道而棄此集殺青之始龍君汪君以此相告囑特輯一章以便學者因弁數言以誌拜嘉之惠

官

正官也或稱曰官星即克日主之神乃陰陽之正剋如己土逢甲木甲木逢辛金辛金逢丙火之類乃陰陽之正氣如君之於臣夫之於妻雖相剋而相維故曰官者管也即管束其不義而使之入於義也詳正官篇

偏官　七煞　煞　煞星

簡稱曰煞亦剋日主之神也乃陰剋陰陽剋陽如甲木逢庚金庚金逢丙火丙火逢壬水之類逢

之則害故曰殺天干地支逢七位而殺害故又曰七煞有食神傷官或印綬以制以化用之爲權則曰偏官 詳偏官篇

財 正財 偏財 均是也乃日主所剋之神也以陽克陰曰正財如甲木逢己土己土逢壬水壬水逢丁火等是也以陽剋陽以陰剋陰曰偏財如乙木剋己土己土剋癸水癸水剋丁火之類正財乃本分之財偏財有獵取之意主意外之福 詳正偏財篇

印 正印 印綬 即生日主之神也以陽生陰以陰生陽乃陰陽之正道如父母之於子女也又曰印者蔭也受父母之蔭覆也如日主弱最喜用印主權又主才藝 詳正印篇

梟 偏印 亦生日主之神也乃陽生陽陰生陰之神其性與正

印適相反奪食洩官助煞逢之害多利少利棄舊謀新詳偏印篇

食

食神　乃日主所生之神也陽生陽陰生陰之神又爲食祿之神故名曰食神簡稱曰食功能制煞洩秀切忌逢梟詳食神篇

傷

傷官　乃日主所生之神也陽生陰陰生陽命理之義始於相剋終於相復如己土爲甲木所剋制不能抗即以甲爲官受其束縛然己土生庚金庚金則乃甲之七煞爲其母復剋制之仇而傷官矣故曰傷官道其實也凡用官格局忌見之其性能發揮日主秀氣然不易就範多破敗而後成長於才藝詳傷官篇

刃　陽刃　羊刃　常以陽干地支祿前一位爲刃如甲祿寅則卯爲刃丙祿巳午爲刃凡物盛則折故曰刃其宜忌以日主之强弱定之忌冲刑爲禍用財忌之

刼　刼財　陽干前一位也如甲見乙丙見丁或亦曰刃義同刃

敗　敗財　陰干後一位如乙見甲丁見丙其力較刼尤重且有捷足先得之意如乙以戊己爲財見甲則戊爲其强取見己則爲其化合而乙無財矣

比　比肩　同類曰比如甲見甲乙見乙之類刼敗能分福而不能共禍比肩則禍福相同均能任之故比肩優於刼敗

主　日元　日主　即八字中之生日之干支爲八字之主體憑之以配合四柱定格局別貴賤重要極矣

本　年位之干支也其重要與日主同三十二歲之前純由年位主事近人多忽之

提　月提也又曰提綱即月位之干支也爲全局之樞紐大運由此而起用神由此而定節氣淺深得時失候均執以決之也

時　時位之干支也四十之後最爲切要

干　天干　即十位之天干也又曰干頭

支　地支　即地支十二位也

納音　音　以十干十二支配成六十位名曰納音又曰花甲如甲子乙丑海中金即金音也

遁　以年求月爲五虎遁以日求時爲五鼠遁即推月時之天干也

五虎遁表以年推月檢表即得

年＼月	甲己	乙庚	丙辛	丁壬	戊癸
正	丙寅	戊寅	庚寅	壬寅	甲寅
二	丁卯	己卯	辛卯	癸卯	乙卯
三	戊辰	庚辰	壬辰	甲辰	丙辰
四	己巳	辛巳	癸巳	乙巳	丁巳
五	庚午	壬午	甲午	丙午	戊午
六	辛未	癸未	乙未	丁未	己未
七	壬申	甲申	丙申	戊申	庚申
八	癸酉	乙酉	丁酉	己酉	辛酉
九	甲戌	丙戌	戊戌	庚戌	壬戌
十	乙亥	丁亥	己亥	辛亥	癸亥
十一	丙子	戊子	庚子	壬子	甲子
十二	丁丑	己丑	辛丑	癸丑	乙丑

以上表乙年推三月檢乙庚下之三月即庚辰是也

五鼠遁表以日推時其法與年同

時＼日	甲己	乙庚	丙辛	丁壬	戊癸
子	甲	丙	戊	庚	壬
丑	乙	丁	己	辛	癸
寅	丙	戊	庚	壬	甲
卯	丁	己	辛	癸	乙
辰	戊	庚	壬	甲	丙
巳	己	辛	癸	乙	丁
午	庚	壬	甲	丙	戊
未	辛	癸	乙	丁	己
申	壬	甲	丙	戊	庚
酉	癸	乙	丁	己	辛
戌	甲	丙	戊	庚	壬
亥	乙	丁	己	辛	癸

如上表甲日午時即檢甲己欄下橫對午位即庚午是也

年遁月古歌甲己之年丙寅首乙庚之歲戊寅頭丙辛必定庚寅
　起丁壬壬寅順序流至若戊癸何方起甲寅之上好追求
日遁時古歌甲己還加甲乙庚丙作初丙辛從戊起丁壬庚子居
　戊癸何從起壬子是眞途

運

大運　由八字中月提次位推起其法陽順陰逆其陰陽以
生年定之甲丙戊庚壬爲陽乙丁己辛癸爲陰男命陽順陰
逆女命陰順陽逆如陽命順推以所生之日推至次月節氣
日止看歷幾日以三日折除爲一歲一時爲一旬有餘則曰
餘不足則曰欠如男命甲子年正月十六日午時生人甲年
則乃陽男順行由十六日午時至二月初二日寅時驚蟄正
月小建實曆十四日又八時以三日折除欠四時不足十五

日是乃五歲運欠四旬如陰男丁卯年正月初十日未時生人由所生之日逆推本月節正月初七日酉時立春由初十日未時至初七日酉時實歷二日又九時是乃一歲運欠三旬至於交運法又不以實歷扣算則按節氣脫交專以生年納音定之金交去暑木交大寒水交立冬火交春分土交芒種其間不免與實歷相差甚久者即所謂出入之年是也凡遇此等脫而未交均應特別留意凶多吉少也其佈運之順逆如上陽男甲子年正月起運則由丙寅月次一位順行即丁卯戊辰己巳辰午等是也陰男丁卯正月則由壬寅月逆行次一位辛丑庚子己亥戊戌等是也女命同此不備

歲

流年　即逐年太歲也以每年之干支配合大運四柱而定

吉凶凡一八字之貴賤吉凶命以成之運以行之流年以發之三者之重要相埒也

小運 歌云小運之法本由時陽男陰女順相宜陰男陽女隨逆轉一位一歲不差移假如陽男甲子時則一歲起乙丑二歲丙寅餘例同

命宮 由手掌子位起正月逆行至所生之月止再加以生時順行至卯位即命宮也假令甲子年三月子時生人由子上起正月逆行二月在亥三月在戌即於戌上起子時順行丑在亥寅在子卯在丑即以丑爲命宮也他例同

小限 以生年之支加於命宮逆行至本歲年支止即小限也如丙午年立命未宮丁卯年求其小限即以生年之午加未宮

逆行至卯年止是爲戌位即乃戌限是也再以丁壬遁干起壬寅至戌位爲庚戌爲庚戌限

胎

胎元　受胎之月也生月干前一位支前三位是如己巳月則己前一位爲庚巳前三位爲申則庚申即胎元也

合

天干地支陰陽配偶則爲合

六合

天支至六位而相合如甲至己乙至庚之類　地支亦有六合然非六位之合乃起於午未次於申巳再次於辰酉之類

三合

只地支有之只金木水火四局如申子辰之類　詳干支三六合篇

會

會合之意原無合局而歲運適臨其會而成合之局

冲　六冲　只地支有之至六位則相冲也如子午冲丑未冲之類逢冲吉者少而凶者多蓋二者性反不能相見見則必傷故曰凶詳六冲篇

刑　三刑　自刑　亦相害之意也物不兩大逢之則爭而相害故曰刑詳三刑引義篇

害　六害　亦名曰穿子未相害寅巳相害卯辰相害申亥相害酉戌相害見之主諸事不和

勾合　天干合他位地支中人元雖有合之意其力微如己酉年丙寅月則丙可勾合酉中辛金己可合寅中甲木雖有此一說愚不諸然蓋天地懸隔何能勾合哉

自合　天干合自坐地支中之人元也如丁亥則丁可合亥中壬

水等與勾合意同爲用較切蓋坐宮情近也

拱

以二支虛拱一位者是拱官拱貴吉神者均是如甲申甲戌則申戌之間藏酉即拱官也在日時之位天干同者有力且須無合無冲無刑方不走貴氣合格主貴

夾

意同於拱但以虛夾實也多用於月時雙夾日主者是如己酉日戊辰月戊辰時則即二辰天罡夾將星

帶

非拱非夾而有氣無形則爲帶如巳年卯月亥日時在木旺則卯能帶辰帶寅帶子丑等位凡帶多進氣實則難用

遙

亦用虛也二子合丑不見丑則爲遙月日時地支同無冲無合而能遙出爲用如甲子日甲子時則二子遙巳遙丑須一位能絆所遙之神方有用如二子遙丑年月有酉或巳者是

破

破官　破財　如四柱無官無財有破財官之辰即是如癸卯日無官無財而卯多則能破午中己土爲官丁火爲財元理賦云卯破午午破酉財官雙美是也

擊

如全局全方或同宮多者皆能擊出對宮之物而爲禍福

聚

吉星衆則爲聚如聚生聚貴聚祿是也但官煞財即不可聚聚則反禍也

從

引從　以衰從旺以弱從強玉井云從其有氣或黨多亦從至於同類易從如其情相背得一神以引之亦可從也從象已進於化也如庚申生於卯月則夫從妻也主財旺爲福

此章未完二期續刊

丁卯季夏

李壺中命書

星府題

李虛中命書提要

李虛中命書三卷舊本題鬼谷子撰唐李虛中注虛中字常容魏侍中李冲八世孫進士及第元和中官至殿中侍御史韓愈爲作墓誌銘後世傳星命之學者皆以虛中爲祖傳世之書名目卷數皆參錯不合世間傳本久絕惟永樂大典所收其文尙多完具卷帙前後亦頗有次第詳勘書中義例首論六十甲子不及生人時刻干支其法頗與墓誌所言相合今以其議論精切近理多得星命正旨與後來杳邈恍惚不同故依原目釐爲三卷著之於錄以存其法焉

李虛中命書卷上

唐李虛中著

甲子天官藏是子旺母衰之金溺於水下而韜光須假火革有盛旺之氣方可以揚名顯用（命入貴格明暗取官）

乙丑祿官承乃庫墓守財之金不嫌鬼旺之方喜見祿財之地水土砥礪忽然有氣亦可以爲器成材（平和貴格不須祿到）

丙寅祿地元是子母相承之火先煙後焰抽其明而三進喜木爲助嫌水凌遲五行相養雖在死方亦可光耿（命入貴格不用干祿）

丁卯貴祿奇乃本旺祿休之火惟欲陰旺惡處盛陽若火木相資連于震艮之方必能變鼎味而成亨禮也（欲逢官鬼始得貴奇）

戊辰神頭祿乃華實兼榮之木愛乎水土忌見火金有所養於金

乃英實之命也相乘可貴不畏鬼臨
已巳地奇備乃氣盛體剛之木生逢對旺干鬼相加或木來比助
金伐以成棟樑之材皆得終美貴無官鬼須見角音
庚午天祿承是含輝始育之土氣數未備惟喜旺方得數已完尙
嫌水重若獨祿會命旺身絕豈是貴地祿鬼自處不假官鬼
辛未祿自藏乃自本立形之土有火相助得木相乘水輕木重可
以小康若敗乘祿多方爲厚載之福喜見干連不畏木重
壬申地天祿乃自任權制之金剛而有斷愛土木而嫌火重雖居
財旺身衰亦主清華之貴眞假才官貴之爲貴
癸酉貴符印乃剛銳利用之金不嫌絕敗惟恐鬼多若干易而不
相刑當有自然之材器庚辛無鬼不假官貴

甲戌祿臨官乃墓成息用之火不求壯旺欲物平貧福祿可以高原入格可貴干不必官

乙亥地祿承爲氣散遊魂之火生于水火榮方上下不逢相制僅而成達多助尤祟眞官相制得鬼亦祟

丙子天祿承乃深沉停會之水若會源得生用制于東南爲出常之器自有眞官佳期祿位

丁丑祿自守乃漸下欲流之水得水土相承經于敗地源脈不斷可升而濟物功德昭著也丑有鬼藏不明見官

戊寅地官承乃生體安和之土若貧之以火土盛金旺之榮雖多反制尙可高崇爲不常之用得官不旺貴出自然

己卯地官承爲鬼旺體堅之土生于金重木多而見財重乃富貴

遠常（得官不旺貴出自然）

庚庚祿暗會乃顯光之金而未成材金剛土重得期相會無炎火之官乃大臣之制（不假祿合祿干尅期）

辛巳地官承爲資始之金身堅而體柔欲平火之制若金助土生則爲光大之器（丙官在下務貴干祿）

壬午天官合乃化薪之木畏在火强得水資之或處生旺而逢土亦可富貴若獨見金制在死敗之鄉非長久之命（丁壬德合寄在旺宮）

癸未祿自備爲伐根之木氣敗而體柔不嫌金制喜水之榮及會元而借生主乃重器成德之材（癸在己中喜逢甲乙）

甲申地祿生乃源泉之水務有資助流長而無鬼則爲運廣之淵可享高厚之福（祿始生要干生旺而無官）

乙酉貴還命乃母旺進趨之水若資以金濟用以火自乾東而震北超卓輔弼之用干之無官會和而貴

丙戌祿德合乃祿資支附堅固火鍾之土若資之以木光耀不群蓋本重不須旺也自有卒符不假偏貴

丁亥地貴符乃福壯臨官之土若潤之以水麗澤以金處魁罡坤艮之方可以顯功遂名貴守官藏真鬼德旺

戊子天祿合乃神龍之火利于震巽不畏水刑支干得官皆可顯用水木盛則尤佳自有癸才不必會祿

己丑神頭祿乃餘光不凡之火惟期體重不假奇財若祿有資而命有成方入康樂之貴局貴財相會無祿亦榮

庚寅地奇備不避刑冲寧辭衰敗乃五行堅實之木若和柔之氣

德貴相符必作顯揚大用祿位生旺得官鬼成
辛卯貴沖命自旺經制之木不畏霜雪氣節凌雲可制之以金損之以火而逢旺相卽成巨室之材若平易而無金火生于曲直之會亦爲貴重矣祿命相繫不畏官耗
壬辰祿清潔乃會貴守成之水五行不雜在兌坎之間無物來制卽文明清異之資可享高厚之福喜于寅亥見戌亦清
癸巳地帶合乃流遠澄清之水若溢之以水在火木榮音方中無土則有濟物惠施之德也眞官得用官氣尤清
甲午天符祿乃沙汰之金志大有節操或零火蓋之而嚴或旺金集之而剛不遇丁壬可淘溶之實祿神敗而食干欲妻剛而子旺
乙未祿印綬乃强悍剛礦之金欲金相用在火盛處父子相乘皆

爲珍寶德神當位喜見印官

丙申地官承乃無資之火金木壯旺而有制得干生即爲厚實若祿盛而無依即飛灰而不焰矣官在生方不須壬癸

丁酉貴自承乃平易無爲之火得木旺則火炎見木多則成用得火助則不淸在火位則常存人生得此無不貴豪丁運丙貴見合不淸

戊戌神頭祿乃不材之木喜逢水旺乃可資榮豈厭生成伐宜金敗眞運自然不嫌祿鬼方可高崇明合暗官成於旺方

己亥地官承乃糞水育苗之木水土多而臨旺皆有成就然逢敗絕爲殃亦生富貴榮盛干支財祿畏彼官鬼

庚子天雲日承乃氣過虛浮之土得重土相資水木不剛即享福壽官鬼不刑衰飽自保

辛丑祿承庫乃氣衰就本之土欲承之以火制之以木或重遇木
土有刑冲須假祿元生旺造化應斯功名可立官貴不加祿剛則貴
壬寅地會義乃藏用體柔之金喜土資之以旺財官不可太剛若
能應此富貴久遠艮土包命祿須貴旺
癸卯貴會源乃財旺體弱之金財命相乘喜身在生旺之方或得
眞官眞氣無不配合貴源莫不易而厚祿也貴源多會不在多逢
甲辰祿馬承乃始壯之火欲多生我或會本源却無炎光之極自
然超卓水輕而無土亦可騰達矣甲丙居寅明我生氣
乙巳地官承乃進功之火欲輔助之不息不必旺極得火木相乘
雖死敗而可貴或同音煞丙亦生貴
丙午神頭祿乃至陰之水發于陽明蒸氣氤氳何所不及處金木

旺而冲刑祿得炎而財盛始可貴矣身同官鬼不避掩冲

丁未祿文承乃祿旺育生之水宜于水火之中得五行死敗之氣祿干自旺財貴會於乾方乃貴富顯揚之用唯嫌土在旺鄉即非長久喜遇丙丁畏官當用

戊申地符會乃柔順發生之土喜臨四季得木爲榮獨居水火榮方未得尊高之著眞官符用不畏鬼臨

己酉祿貴承乃子旺母衰之土喜火土之榮慶從革之地或水輕木柔亦是滋生之德倘能應此軒冕非難不必正應要臨丙辛

庚戌祿符元乃鈍弱成用之金火輕金重魁罡相乘可以休逸福祿自然忌木火之極則命運迍邅旺逢妻鬼遇鬼反榮

辛亥坤祿印乃木旺祿休之金得午火之革然後制于克伐或冲

擊于金水之中得以平安守職富貴優遊喜于金助不畏于鬼

壬子神頭祿乃體柔用剛之木居旺相而得金遇貴地而無火則可以揚名當世祿旺須官晉盛畏鬼

癸丑祿得源乃剛柔相濟之木水土承於旺方則生育利物金制于生成皆可立功立事惟恐生旺逢火祿居北地畏鬼掩冲

甲寅神頭祿乃淵深處靜之水若資之木旺土衰則爲奇特貴異庚辛不畏清在丁壬

乙卯神頭祿乃死中受氣之水雖敗無妨或會源於音地未有不達之者此二水皆喜土而清若水多而無土則爲伏寒之氣癸馬爲官勝于戊己

丙辰祿自裕乃發施養生之土喜干火助不畏掩冲夫如是者自

然榮貴水在庫中無官自貴

丁巳神頭祿是絕中受氣之土喜逢土助不畏死敗惟能朝命建元可以文章妙選上下火乘鬼無害也

戊午天祿備乃神發離明之火旺中受絕喜木助于衰方忌火乘於己旺生之應此必作魁英眞假居木盛不

己未神頭祿乃成功之火得季夏之炎陽守小吉之貴地生自東北之南有所資附則能享福厚矣甲己扶持不須更旺

庚申神頭祿乃未堅柔末之木春相夏旺金重而得火土重而得水則爲出常之器不畏陽官要官鬼旺

辛酉神頭祿乃包結秀英之木喜于生旺忌見金多得土水相乘爲物之貴二者各旺而不得水亦爲奇特之才不嫌官鬼既甲爲財

壬戌祿官順乃杳冥之水喜于死敗要土之擊發則能博施之功及物也以氣自守持祿亦榮

癸亥神頭祿乃始進成終之水喜逢貴地忌在祿鄉三元相反福慶自然蓋其爲用也大而廣故不可以守常爲尙須升而爲雨霧散而爲江河乃爲大用也

此六十位五行支干相乘要分輕重答金溺水下火出水上木不得金之所制木無成也如甲子乙亥是也金溺水下火出水上金不得火之所制金無成也如辛亥之金是也夫如是而推伏現之情則造化之機自理

論貴

本家貴人全者如甲人有戊有庚有丑有未是也大貴人如甲人

得丁丑辛未又其次也蓋甲年丑上遁得丁未上遁得辛是也更
有一種貴人亦爲福甚重得者必貴甲戊庚得乙丑癸未乙得庚
子戊申己得丙子甲申丙丁得丁酉乙亥壬癸得乙卯癸巳六辛
得丙寅戊午是也甲陽木戊陽土庚陽金皆喜土位而未得土之
正位丑者土之安靜之地故以牛羊爲貴然細分之則甲尤喜未
庚尤喜丑各歸其庫也戊子戊寅戊午喜丑丑者火人胎養之鄉
戊辰戊申戊戌喜未未者本人之庫土人生旺之地也乙者陰木
己者陰土也陰土喜生旺陰木喜陽水所以鼠猴爲貴然乙尤喜
申申者木之絕鄉也己尤喜子子者坤之正位也丙丁屬火火墓
在戌壬癸屬水水墓在辰辰戌爲魁罡之地貴人所不臨故尋寄
火貴于酉亥寄水貴于卯巳皆歸靜復之鄉六辛陰金喜陽火生

旺之地故以馬虎爲貴雖然宜以納音互換推尋須皆和則其貴爲福若丙寅火得酉則火至此熄焉足爲貴哉（廣錄）

天乙貴人者三命中最吉之神也若人遇之主榮名早達官祿易進若更三命皆乘旺氣終登將相公卿之位大小運行年至此亦主遷官進財一切加臨至此皆爲吉兆（三命指掌）

論貴神優劣　乙丑文星貴神　乙未華蓋貴神（截路空亡）　丁未退神羊刃貴神（一云半吉）　己未羊刃貴神（一云半吉）　辛未華蓋貴神（一云空亡大敗）　癸未伏神華蓋貴神（以上甲戊庚人月日時貴神）　甲子進神貴神　丙子交神貴神　戊子伏神貴神　庚子德合貴神　壬子羊刃貴神　甲申截路空亡貴神（一云半吉）　丙申大敗貴神　戊申伏馬貴神　庚申建祿馬貴神　壬申大敗貴神（一云半吉以上乙己人月日時貴神）　乙酉破祿貴神　丁

酉喜神貴神（一云大敗）己酉進神貴神　辛酉建祿交貴神　癸酉伏神貴神（一云吉）乙亥天德貴神　丁亥文星貴神（以上丙丁八月日時貴神）甲午進神貴神　丙午交羊刃貴神（一云半吉）戊午伏羊刃貴神　庚午文星截路貴神（一云半吉）壬午祿旺氣貴神　甲寅文星建祿貴神　丙寅文星貴神　戊寅伏馬貴神　庚寅破祿馬貴神　壬寅截路貴神（以上六辛八月日時貴神）乙卯天喜貴神　丁卯截路貴神（一云半吉）己卯進神貴神　辛卯交破祿貴神　癸卯旺祿貴神　乙巳正祿馬貴神　丁巳九天祿庫神貴　己巳九天祿馬庫貴神　辛巳截路貴神（一云半吉）癸巳伏馬貴神（以上癸壬八月日時貴神）凡如此已上貴神若與祿馬同巢不犯交退伏神支干相合者定須官高職清若無德更値空亡交退伏神五行無氣至死不貴緊要在月日時支干相合則

爲吉不然乃庸常流也並同金書命訣此格有三干合爲上支合次之無合者又次之如甲子己未此爲上格蓋甲己合也無死絕衝破空亡更有福神助之當極一品之貴宰有死絕爲鄙吝殺也如有死絕衝破空亡之類只作正郎員郎然多難無福耳如戊子己丑此爲次格若無死絕衝破空亡須作兩制兩省少年登科當居清要華近之選更有福神相助爲兩府矣有死絕即減作正郎員郎亦須有職名若有衝破空亡只作一多難州縣官晚年得至朝官極矣如辛未庚寅此爲第三等若無死絕衝破空亡即作正郎卿監少達歷清要差遣更有福神爲之助往往爲兩制矣若有死絕只作員郎京朝官更有衝破空亡平生多難只作州縣卑冗之官縱得改官易職壽不永矣林開五命

紫虛局　貴人交互人多貴旺氣相

乘館殿資切莫五行傷着主令人閑地冷淸虛寸珠尺璧凡月日時互換見貴太歲不帶者不貴

貴合貴食　有貴合則官位穹崇所作契合有貴食財祿豐足所成過望如甲戊庚貴在丑未甲得巳丑巳未戊得癸丑癸未庚得乙丑乙未乙己貴在申子乙得庚子庚申己得甲子甲申丙丁貴在亥酉丙得辛酉辛亥丁得壬寅壬辰如此之類謂之貴合甲食丙乙食丁丙丁貴在酉亥甲得丙寅丙辰乙得丁酉丁亥庚食壬辛食癸壬癸貴在卯巳庚得壬申壬戌辛得癸卯癸巳如此之類謂之貴食有貴合則官多稱意有貴食則祿多稱意二者兼之官高祿重無往不利閻東叟書

天乙貴神合者謂天乙在貴神亦合上是也甲戊庚在子午乙己

在丑巳丙丁在寅辰壬癸在申戌辛在亥未皆主大福遇兩合以上者主貴（三命提舉）

李虛中命書卷上終

未完二期續刊

丁卯夏日

徐子平注三命消息賦

李東壁題

珞琭子三命消息賦註提要

珞琭子三命消息賦註二卷宋徐子平撰珞琭子書爲言祿命者所自出其法專以人生年月日時八字推衍吉凶禍福李淑邯鄲書目謂其取珞琭如玉珞之意而不知撰者爲何人自宋以來註此賦者有王廷光李同釋曇瑩及子平四家子平事蹟無可考獨命學爲世所宗今稱推八字爲子平蓋因其名劉玉已瘧編云江湖談命者有子平有五星相傳宋有徐子平者精于星學後世術士宗之故稱子平又云子平名居易五季人與麻衣道人俱隱華山蓋異人也其注久無傳本惟見于永樂大典中者尙爲完帙謹採掇厘爲上下二卷其中論運氣之向背金木剛柔之得失青赤父子之相應言皆近理間有古法不合于今者則在後人之善于擇別耳又考三命通會亦載此賦寥寥數語與此本絕不相合蓋原書散失僞中又僞益不足據要當以此本爲正也

珞琭子三命消息賦註卷上

宋徐子平注

元一氣兮先天禀清濁自然著三才以成象播四氣以爲年

元者始也一者道生一冲氣也有物混成先天地生以看命法論之如初受胎月在母腹中男女未分以四柱言之則知人本命也尙未有生月日時即貴賤壽夭未分故云一氣以大道言之則混一氣而生育天地也主祖宗之宮也陰陽既分清氣爲天濁氣爲地地法天天法道道法自然以命術言之則如在母胎中以是成形男女已分也以大道言之天地分也以四柱言之則生月是也主父母宮天地人爲三才以命術言之則人生日是也乃人生自得之宮看下臨何宮分也四氣者布木火水金以爲四時各旺七

十二日土旺四季各旺十八日故爲一年五行之休旺也以看命論之是人生時也以四柱論之本命生月生日生時四柱也每一宮有三元有天元人元支元生時主子孫也更看生時天元不居休敗居於旺相則佳矣死囚則見爲多而晚成

以干爲祿向背定其貧賤以支爲命逆順用以循環

干者是生日天元也看干下有何支支內有何人元而與生日天元爲祿或有祿印或有財帛假令六甲生日人甲子生旺甲寅建祿甲辰爲財庫甲午爲妻財甲申爲官印甲戌爲財官其甲子以水生木如生秋幷十二月生則有官貴命官印無失甲以庚辛爲官印爲子有癸善制其丁故曰癸乃甲之印綬也更須消息四柱內外吉凶輕重而配其休祥其言不可大疾疾則不盡善矣向者

要生日天元向其祿馬也如無祿馬向其財帛或有向其壽限向其旺相也假令六甲生日天元若得夏至生而居辰戌丑未幷五位之上則有財帛及有祖基若是秋生居巳酉丑申戌四柱之內別無丙丁則甲之向祿也甲以金爲官印秋生金旺故曰向也若運到西方者亦向祿也運行南方及四季亦向財也若生月內有官印於生日天元則主官出祖宗如生月及支內有財于生日天元則主有祖財若生時支內有財別無刑衝剋破則主有自立財其論官論財更須精其休旺輕重言之財庫並旺相爲佳官長生官庫官旺相爲妙支者十二支也支內有天元十干甲祿在寅乙祿在卯之類宜生日天元取年月日時中內天元配其吉凶或有財帛或有官印或壽或夭假令甲日天元屬水取金爲官印取土

爲財帛見丙爲壽星見乙并亥卯未爲刼財合用官印或財帛須
精休旺言之
運行則一辰十歲折除乃三日爲年精休旺以爲妙窮通變以爲
亥
運行則一辰十歲折除乃三日爲年折除者一年二十四氣七十
二候命有節氣淺深用之而爲妙假令六甲日生人以金爲官印
得六月下旬生則有官印者有祖財更若順行陽運則爲佳逆行
則運背矣甲以金爲官印南方火能奪甲之貴南方火土之分却
向財帛若七八月尤佳若六月上旬或中氣生則無官若年月在
申巳酉丑位更運行西方則却有官印而亦榮顯也若六月中氣
或初氣下生却更年與時在寅午戌亥卯未之位更天元有丙丁

只是商賈之命也其五行休旺已具前術凡看命見貴賤未可便言且精四柱內外天元幷三合有無尅奪所有之貴假令壬午日生乃祿馬同鄉切不可年月日時中有甲乙幷寅卯若春生則甲乙旺土死則壬背祿也若夏秋生雖見甲乙寅卯亦有官印夏生土旺則官印旺也秋生則甲乙絕而無害餘倣此　假令壬子年壬子月丙申日辛卯時然丙申辛卯天地六合被太歲是壬子更壬子更壬子月二壬刑于卯位此合而不合也若丙取辛作妻定因財致禍而身災也凡看命切詳內外五行相合有無忌神更看所用者內外天元得淺深向背而用之

其爲氣也將來者進成功者退如蛇在灰如鱔在塵

氣者四時向背之氣也假令六甲六乙生日春生則無官夏生則

有財秋生則向祿冬生則生旺秋生得申巳酉丑或壬戌庚辰則有官印重矣若生時刼居寅午戌巳上更有戊己丙丁在時中則官減半言之如本位配丙丁南方火位亦奪甲之印也五行當權者用之爲福不當權者用之無慶假令金用火爲官印九夏生則向官七月生則氣退即官不遷進也當用之神旺相則有慶死囚休敗則退也又如水命人以土爲官印刼得十月正月二月生雖有土而不中用也以五行退則不當權而休息此論五行氣退罷權之道如蛇鱔之在灰塵則何可長久也

其爲有也是從而無立有其爲無也天垂象以爲文

此五行論于絕地而建貴也五行絕處有祿馬假令丁亥丙子庚寅甲申乙酉戊寅壬午癸巳己亥皆從無天元受絕休囚之地刼

成貴強之位鬼谷曰干雖絕而建日成鑑曰受氣推尋胎月須深亦當論生日天元破絕而貴也賦言五行窮絕處無也絕中建祿則有也凡此者皆合大道貴而淸也易曰懸象著明莫大乎日月日月者天之文也陰陽之柄也日往則月來暑往則寒來皆一生造化之文也

其爲常也立仁立義其爲事也或見或聞

五行者在天爲五星在地爲五嶽在人爲五臟推而行之則爲五常常有可久之道則秉乎仁義者易曰立天之道曰陰與陽立地之道曰柔與剛立人之道曰仁與義人之道非仁與義則不能立也命遇金者必要木有木須要金是謂有剛濟柔仁而尙勇遇此格者多貴賦曰金木定其剛柔是也其爲事也者今術者將人生

年月日時干支匹配吉凶作爲也或見者年月日時上天元也或聞者支內人元也甲在寅之類又辰乃水土之庫戌火庫丑金庫未木庫辰中有乙是春木之餘氣未中有丁是夏火之餘氣戌內有辛是秋金之餘氣丑中有癸是冬水之餘氣有春分有秋分夏至冬至二十四氣七十二候分陰陽所主之事以定貴賤今術者看命而定吉凶知見與不見之理執法而善用之則爲妙矣

崇爲寶也奇爲貴也將星扶德天乙加臨本主休囚行藏汨沒

崇者尊也凡看命主本德則成慶并上下三元祿馬爲奇切忌別位歲月時中衝剋破本位有損則或貴而輕也損之重則貴而不貴也生日歷貴地而日旺不可擊損也故曰崇爲寶也又如命中有掌壽掌財掌災福之辰亦不可被別位制伏刑剋損奪被損則

有災禍假令甲日生人年月日時中庚來剋身有乙或卯巳午火則能救之也爲福之地不可被傷禍聚之地不可無救三奇爲貴者謂年月日時內外三奇爲匹配者三奇祿馬則貴命也更看祿馬所乘輕重而言之三奇歌云甲己六辛頭乙戊向庚求丙辛遭癸美丁壬辛更優戊癸逢乙妙己壬幷甲遊庚乙丁須聽辛甲丙同周壬丁巳堪重癸丙戊何愁　將星者月將也扶德者德辰也又曰六合也假令壬寅年庚戌月癸卯日乙卯時九月將在卯扶其生日更得九月金土六合卯戌合乙庚合戊癸合如此五行各不居休敗則貴命也可作兩府之上貴格言雖生日取合前面貴氣若亦本主休囚即不爲貴命也只可作虛名言之故曰本主休囚行藏汩沒也

至若勾陳得位不虧小信以成仁眞武當權知是大才而分瑞
勾陳戊己土也得位者戊己日生臨于寅卯并亥卯位下有官印
長生帝旺庫墓乃祿馬之鄉不虧小信以成仁者土厚主信也更
得位則能成仁矣此三奇貴印即君子也故曰以成人之美也賦
曰約文而切理者也又曰眞武當權者壬癸生日也以壬午癸巳
壬辰壬戌癸丑癸未日生也或四季月亦是下有官印祿馬旺相
墓庫而成慶此乃作上格貴命言也
不仁不義庚辛與甲乙交差或是或非壬癸與丙丁相畏
前二句是貴命切忌五行交差甲己乙庚丙辛丁壬戊癸是陰陽
相合而成貴命也若甲見庚乙見辛之類皆是五行陰陽不合而
交差也乃無福之命更有交差之論且如甲以金爲官印見庚而

亦曰交差則不成慶也更有十二支交差如午與未合却被戌刑丑破卯辰破于未位此亦曰交差卯與戌合而忌辰衝丑刑戌未三刑也辰與酉合而忌午之破爲害餘可例求焉是者五行和合也成慶而貴也非者五行內外陰陽不起即不是貴命也丁畏癸丙壬相畏故也若丁見壬即爲合丙見癸即爲官一陰一陽曰道偏陰偏陽曰疾正合則爲貴命偏合不爲貴命也宜消息而言之故有先賢謙己處俗求仙崇釋則離宮修定歸道乃水府求元固有賢達之士自謙至處俗塵降心火而進于水府養丹砂而成妙道矣以看命言之五行中有水火既濟之命也又如丙子生人得亥子時或申子辰水位亦曰既濟假令丙申丙辰丙子丁亥丁丑丁酉生人或火以水相濟成慶皆爲水火既濟之命也

是知五行通道取用多門理於賢人亂于不肖成于妙用敗于不能
取用多門謂人命生處各自不同基本亦異吉凶向背行運用法所主者異兆故曰取用多門卽非一途而取軌也亦要人用心消息五行所歸卽知吉凶也賢達之人深悉造化愚者豈能曉了易曰苟非其人道不虛行是也
見不見之形無時不有抽不抽之緒萬古聯綿
不見之形者內天元也庫墓餘氣節令也衝刑剋破也及五行休旺匹配生死也三合貴地祿馬妻財父母皆不見之形也只聞其有形而用之自然應驗矣凡取用法則比蠶婦抽絲之妙善取者能尋其頭緒自然解之得絲也不善者不知頭緒萬古聯綿也凡

言命中貴賤吉凶先得頭緒則災祥自然應驗矣　生時坐祿甲日見寅時乙日見卯時之類時坐本祿更看歲月有刑衝剋破本祿祿旺用之云

是以河公懼其七殺宣父畏其元辰峨眉闡以三生無全士庶鬼谷播其九命約以星觀今集諸家之要略其偏見之能是以大解曲通妙須神悟

此今術者既見年月日時取其有剋而爲用者是何作官印用之作官鬼用之假令甲見庚或見申位爲官爲鬼須見金木輕重之用言之　假令丙日生人逢亥七煞亥中有壬丙見壬爲七煞丁到子位甲到申辛到午壬到己戊到寅己到卯庚到巳皆爲七煞之地主有災如當生歲月日時元有七煞運更相逢即重矣不利

求財主有災如當生歲月日時元無七煞則災輕故賦中引宣父
畏以元辰者即非前位元辰也是當生年月日時位元有七煞害
生月生時者乃名元有元辰也即爲災重矣虛中云當生元有則
凶重無則凶輕所以宣父畏以元辰者是宣父命中原有煞害之
辰也又戊見甲己見乙爲七煞戊巳人在十月生正月生雖生時
居巳午或更有庚辛亦夭壽爲土死不能生弱金金囚不能勝旺
木賦云建祿而夭壽餘倣此昔者峨眉先生精通三命每言貴賤
少有全者鬼谷先生以九命之術納以星宮爲此賦前賢自謙而
言之與物難窮理則同也
臣出自蘭野幼慕眞風入肆無懸壺之妙游衢無化杖之神息一
氣以凝神消五行而通道

臣者太子自稱君父之前也生於內庭有芝蘭之野之稱眞風者自幼樂於五行之眞理者也昔有懸壺先生貨卜於市國君聞而召之先生拒命而不往君令執之先生預知以杖化龍乘而去息一氣者天元也五行者金木水火土也凝聚也消散也通道者符合也陰陽不偏上下符合則能知造化而貴賤吉凶壽夭定矣猶然自謙無化杖乘龍之爲也

乾坤立其牝牡金木定其剛柔晝夜互爲君臣青赤時爲父子

乾陽物也坤陰物也凡看命見五行陰陽匹配上下相合不偏者爲貴命也若偏陽偏陰者則五行有疾矣金木定其剛柔者且如木用金爲官印其秋金生或帶壬癸水而剋木即剛也謂金旺時水木無火則金剛矣若金生於秋夏木帶天元人元有火則木剛

金柔也晝陽而夜陰陽爲君陰爲臣日月相催晝夜相代則互爲
君臣也靑赤時爲父子者丁壬合生甲己壬生甲壬乃甲之母丁
乃甲之父丁生己己以壬爲父丁乃己之母甲己再合己生辛甲
生丙丙辛再合丙生戊辛生癸戊癸再合戊生庚癸生乙乙庚再
合乙生丁庚生壬丁壬再合復生甲己周而復始人只知木生火
火生土土生金金生水水生木即不知陰生陰陽生陽陽產陰爲
父陰產陽爲母丁乃甲之父壬是甲之母故云靑赤時爲父子
不可一途而取執不可一理而推之有冬逢炎熱夏草遭霜類恐
陰鼠棲冰神龜宿火
假令庚辛人冬至後逢丙丁者則爲官印謂一陽生也金逢火之
生氣是冬逢炎熱也夏草遭霜者六丙人夏至後逢壬癸而得用

也謂一陰生是火逢官印之生氣故曰夏草遭霜又丙丁人冬至後生雖遇七煞之鄉亦作官印之用偏陰偏陽則有官而不淸也又庚午人夏至雖遇巳午未寅戌亦可作官印用亦苦不淸夏至後陰氣深則爲妙矣若夏至氣淺官雖早發而不益壽更詳元辰幷運言之陰鼠棲冰如癸祿在子爲地元神龜宿火如戊祿在巳爲人元也丙以癸爲官印戊與癸爲匹配子與支德六合癸以戊爲官印須識陰陽造化尊卑逆順戊以癸爲財丙以癸爲官印此與水火旣濟之道如冬逢炎熱夏草遭霜在學人深求之也

是以陰陽罕測志物難窮大抵三冬暑少九夏陽多禍福有若禎祥術士希其八九

禎祥者爲應前賢比其五行吉凶應驗矣如天子親耕曰禎祥務

天下民勤于耕種田中種穀明生穀苗時至七八月則穀熟而爲祥元種豆苗時至七八月豆熟而成祥其五穀下種各有時也則收成也地內曾種則望收更有良田萬頃不曾耕種則遇大熟之歲而亦無可收不得禎祥也此論人命八字內外無官印則運臨官印之地亦不發官印爲年月日時中元無貴炁論財亦論元有無也

或若生逢休敗之地早歲孤窮老遇建旺之鄉臨年偃蹇若乃初凶後吉似源濁而流清始吉終凶狀根甘而裔苦

假令庚辛人秋七八月生者是也金以木爲財木絕以火爲官印火死早歲孤窮謂生日爲父母絕則爲無祖財亦無官印則早歷艱難也餘準此若或運臨祿馬貴官之鄉亦無偃蹇而不成福初

凶者生月凶逢於休敗也後吉者生時得地也居則旺幷官印旺
地運行向所臨之位却爲有慶止爲初年之滯中年晚年有福也
故曰源濁伏吟是也若生月爲鬼剋身若生時有救是源濁之類
五行活法則度如遇五行交錯但消息勝負而言之人命有祖財
而生者少年富貴故曰始吉如生時不得地或祖敗官或身災疾
更背於吉地則爲凶也至於晚年祖財破盡終身困苦雖富貴之
家生時失地更不得運故曰終凶裔者苗也如苦物而不堪也此
先富而後貧也

觀乎萌兆察以其元根在苗先實從花後

欲知運內吉凶先看根元勝負根元有貴則運臨貴地而發貴根
元有財則運行財地而發財根元有災則運臨災而有災也貴賤

吉凶自有根苗則無不結實而應驗矣
胎生元命三獸定其門宗律呂宮商五虎論其成敗
胎生元命者乃人之年月日時所得天元人元支元也三獸者寅午戌火之類是也門宗者一類也如寅午戌火之類五虎者支也持大運逆順生日向背數而行之假令甲寅逢午逢庚戌也亦曰鬼庚戌見丙午之類賦曰五虎者以寅爲首也此乃五陽相剋也論其成敗者有救而身旺則成無救而身衰則敗也好事者宜精詳之
無合有合後學難知得一分三前賢不載
無合者年月日時中取財而無財取貴而不貴取合而不合兼之以根在苗先實從花後此乃八字內有根而方發苗又云禍福者

然八字內外無合而有合在別位之內內外五行刑衝剋破于別位之祿停住不得至令飛走三合就于本命生日相合或寅刑巳內丙戊巳酉丑三合就走馬假令甲子年丙寅月癸丑日辛酉時若論官則背祿而不貧以八字內外三元無戊兼正月土死其背祿明矣却被寅刑巳丑破巳甲子遙剋于巳而巳內有丙戊被刑破破而飛走出巳三合就馬巳酉丑月三合丙就辛酉戊就癸丑而合癸癸以戊爲官印此乃無合有合也故後學雖知誠也信也古人歌曰虎生奔巳豬猴定羊擊豬蛇自然榮　無合有合歌飛祿飛來就馬騎貧財官職兩相宜壬中更得本家助上格榮華富貴奇又歌志節二八廉貞女四而豬猴獰侶虎先看天元乘地馬後邊集路教侵取　得一者既見有寅刑巳丑破巳而丙戊被刑

破而出則便分三而行既得巳位爲用便是三合巳酉丑也須有酉丑上有癸辛字則爲有合之命雖刑而祿出無合則不佳也前賢者爲賦以前賢人也立此一訣之門後作賦者又指說得一合三合見頭緒而作三合取吉凶也

未完下期續刊

丁卯夏日

乾元秘旨

星橋題

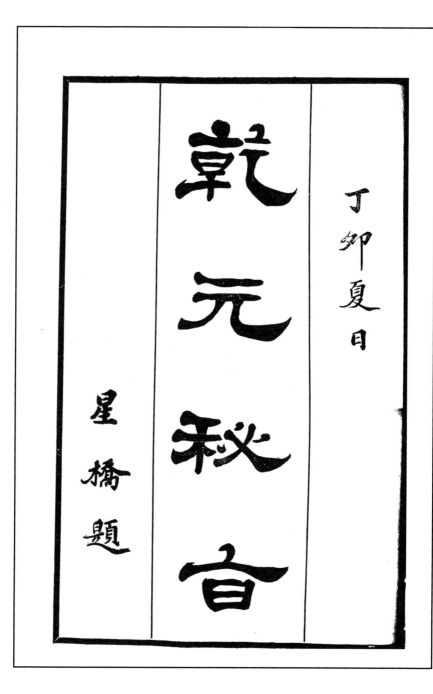

乾元秘旨二卷舒繼英撰著錄無考僅見於讀畫齋叢書近年某書局印行之命書大全曾刊之然亦只見於目錄未睹其書也愚所得爲鈔本與叢書本同約爲清初人所著蓋引用多元明之書也其紀歷推星之法係西法東渡之始所傳者以今視昔不禁瞠乎後矣顧論理精闢乃深於五星子平之學者所爲此書久爲學者所想望而不能得故刊之習此而後爲星平之學取精用宏必能作升堂入室之階也

巢雲識

乾元秘旨

錢塘舒繼英偶王

楚詞言闤則九重孰營度之則天有九重古昔己言之矣西人之言九重天也曰最上爲宗動天無星辰每日帶各重天自東而西左旋一周次曰列宿天次曰塡星天次曰歲星天次曰熒惑天次曰太陽天次曰金星天次曰水星天最下曰太陰天自恒星以下八重天皆隨宗動天左旋然各天皆有右旋之度自西而東與蟻行磨上之喻相符是往復循環運行不息以氤以氳衆物焉生而人於其間得氣之吉者則吉得氣之凶者則凶細細按之不爽毫末有志者所當詳察焉

正五行

水生木又生氣火生土又生計木生火又生羅金生水又生孛羅生計又生土氣生羅又生火孛生氣又生木土計生金金扶月金水孛扶日水剋火又剋羅木剋土又剋計金剋木又剋氣土剋水又剋孛計剋孛又剋水氣剋計又剋土孛剋羅又剋火火羅剋金木氣蔽日土計掩月

變五行

水生計又生羅火生木又生金木生土又生月金生月又生土土生水又生氣計生火又生孛羅生孛又生火氣生羅又生計孛生金又生木月生氣又生水水剋火又剋孛火剋土又剋月木剋水又剋氣金剋氣又剋水土剋計又剋羅計剋木又剋金羅剋金又剋木氣剋孛又剋火孛剋月又剋土月剋羅又剋計太陽至尊獨

不與

正五行之變

木正旺則畏金太旺又借金以成其器火正旺則怯於水孛太旺又借水孛以殺其威土正旺則憂乎木氣太旺又借木氣以疏其硬金正旺則嫌于火羅太旺又借火羅以化其頑鈍水正旺則妨于土計太旺又借土計以防其浸淫且寒日偏替於金水而素月獨隆於火羅摘奧經云冬水輔陽水借光溫煖而太陽則凝寒矣主剋父夏水輔陽陽借水滋潤而水則枯涸矣主短壽耶律楚材云如木爲財而在春春木本旺旺而逢生不幾生之太過乎以富斷之則悞矣蓋春宜逢金夏宜逢水秋宜躔木冬宜躔火反是非天地之中和恐不免於貧命主等星亦如之再以月論春月火羅

照之不明不燥金水扶之有光夏月逢金無炁值木亦損不惟土計是凶即火羅亦難惟水孛扶之斯元精不散秋月獨畏土計不妨獨行亦喜金水以助華至冬失之太寒金水孛皆忌火羅相炤爲美合此二書觀之一一皆可類推

變五行之正

五行之變變於十干化祿也甲火乙孛丙木丁金戊土己月庚水辛氣壬計癸羅其中自有正理存焉竊嘗從元星天道立極之圖及元星仰觀天文之圖而窮極之日月麗乎天日午月未地勢起於北子丑皆土天道左旋寅配春屬木卯配夏屬火辰配秋屬金巳配冬屬水地道右轉亥配春屬木戌配夏屬火酉配秋屬金申配冬屬水惟子丑合而屬土故戌歸丑巳歸子寅亥合而屬木故

甲歸寅乙歸亥卯戌合而屬火故丙歸卯丁歸戌辰酉合而屬金故庚歸辰辛歸酉巳申合而屬水故壬歸巳癸歸申寅卯辰巳皆陽位也陽居陽位故甲丙庚壬居之申酉戌亥皆陰位也陰居陰位故癸辛丁乙居之子之視亥戌酉申乃自西而北陰之極也故己居之丑之視寅卯辰巳乃由北而東南陽之始也故戊居之丑爲土之初基巳爲土之中位故土歸丑計歸巳寅乃火甫見之方申乃火將滅之地故火歸寅羅歸申卯爲木之盛酉爲木之衰故木歸卯氣歸酉辰爲納水之府亥爲出水之區故水歸辰孛歸亥獨金好殺而天地好生故藏金於戌並使無餘氣也午爲日位日居之未爲月位月居之月固借日光以爲光必衝對始望日既居午故月亦居子此甲火乙孛丙木丁金戊土巳月庚水辛氣壬計

癸羅之所由化也金無餘特專列一宮水木火土孛氣羅計皆以遞生至于甲與巳合月借火煖乙與庚合孛資水勢丙與辛合氣叨木蔭丁與壬合金賴計生戊與癸合土用羅恩午與未合月藉日光蓋化祿之合適以相成如此子午冲而犯君丑未冲而掩光寅申冲而炎燥巳亥冲而剋害卯酉冲而侵凌辰戌冲而洩漏蓋化祿之冲實以相虧如此或又曰巳加子子爲寄宮月方明子宜從月月在晦子宜從計二者必幷推而得知姑存其說以俟好學者若夫戊申丙庚壬爲五陽五陽各與正財合癸辛丁乙巳爲五陰五陰各與正官合是尤見合之爲義大而化祿之體精用博也

右將元星天道立極之圖元星仰觀天文之圖依元星一書開載

元星天道立極之圖

羅氣金孛
月 日
計水木火
月計 土

元星仰觀天文之圖

癸辛丁乙
羅氣金孛
太陰 太陽
壬庚丙甲
計水木火
己月 戊土

日

太陽者君象也用天下之星而不爲諸星之用無遠弗屆無幽弗燭不分晝夜不分南北其光烱然其氣勃然凡星居日之前後謂

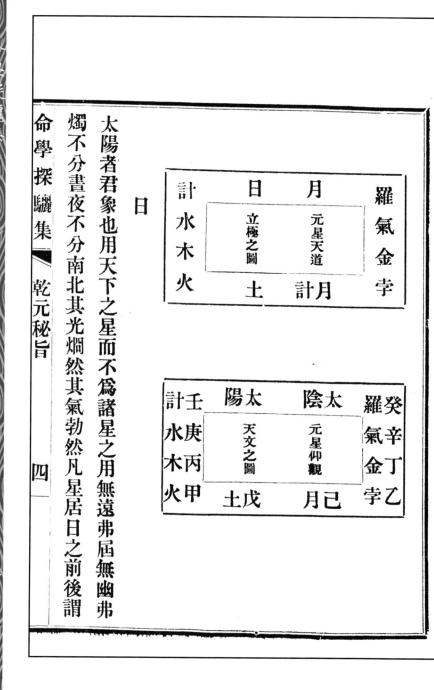

之內夾居日列之最前最後謂之外輔必值四餘乃止近日自一度至十五度內謂之密自十五度至二十度外謂之疎衆星密獨一星在遠謂之特羅計閉隔一星朝日謂之間二星共一度輔日謂之疊一二星近密謂之聚昔人有歌云疎中外輔密中密不中密兮即中日衆密出特特上取特不如間陞階明疎密只就日邊說數者又不如一疊疊日疊輔皆登第經緯連處可登雲聚處逢之魁南北遇日須遇日度數日度亦是度末年此雖岀爲科第而言然由其意推而廣之則固一一應之如響矣嘗見命主及吉星夾輔太陽者不爲公卿亦作侍從臣且行至日度或由督撫內陞正卿或由正卿晉爵宰輔比比皆是若與日氣不通縱使吉曜有情亦不過外任而已更有近君之員一交木度其象蔽陽非主眷

稍衰即退居林下或由京官外放或降罰重重更有候選及候陞出差等即使限度果利必是年得太陽照臨或流太陽冲鈎大限之月始能有獲若傷煞在日前後及與日有關會即難宦遊宦遊亦不能見君見君亦不得優旨且恐終於貴禍如命主是金火羅拱夾日或火羅同緯日係春夏生人遇日度必死命主是火水孛輔日雖係春生人遇日度亦死餘倣此

月

月到中秋則分外明凡在上弦以迄於望謂之得令有權在下弦則光短而力薄在二十七至初二畢竟無光若與陽合朔之前後七八度內外人以月爲命主大率不永倘月躔土而遇土計掩蝕或土計躔四月度則自其母以及其目皆主不利

五星四餘

五星臣象也一遇日即遲留伏逆遠於日則見譬之王者出諸臣或趨避或俯伏王者遠去諸臣即逞顏色怡怡如也吉以此分忌喜凶以此分喜忌但吉星與命主在陽前又喜其逆逆則其氣轉親在陽後又忌其逆逆則其氣轉疎凶星反是耶律楚材云難逆用伏凶災不能解救文伏魁逆吉祥又難並臻主伏不顯倘逢難亦可斷吉恩逆不祥倘生主未可談凶誠哉是言推此可以廣驗至于春未得時一望亦當情適冬火失令已過始能神怡亦自然之理木吏土戶火禮金兵刑水司空皆歷歷不爽四餘奴象也主旺則竊主衰則救奴統于主行主度即作奴度行必謂氣羅之貴金孛之淫土月之逋火羅之燥單孛爲抝單計多謀何其妄甚若

夫木司令朔日已爲青龍扶硯何嘗蔽陽孛乘旺凌金方將妾奪
妻權奚晉犯主

科名

從年干取用甲乙木丙丁火庚辛金戊巳土壬癸水敬天迎神乘
時布用

文星

五行相濟而成甲見羅其色青赤乙見計其色碧黃己見氣其色
絳青丙見金其色赤白丁見火其色紫赤戊見金其色黃白庚見
木其色白青辛見土其色栗黃壬見日其色黑赤癸見月其色綠
白發燄呈祥、含輝吐秀獨不以水孛爲文者其無質也

魁星

陰陽和合相生而成甲月木受水生乙日木生火丙羅火生火丁計火生土戊火土受火生己金土生金庚水辛孛金生水壬氣癸木水生木藉勢向榮憑權抒采獨遺土者以土性混淆之故

三台

子年辰丑年巳寅年午卯年未辰年申巳年酉午年戌未年亥申年子年酉年丑戌年寅亥年卯分年挨定倘須參詳但大拜諸公非三台貫命三台貫度即行三台度高遷姑存之以待用

金轝

轝者車也金者貴重之義譬諸君子居官得祿須坐車以載之故常居祿前二辰如甲年祿在寅辰爲金轝之類此煞乃祿命之旌旗三才之節鉞如生旺得地婦人不富即貴男子多得賢妻妾子

孫茂盛或主作贅且皇族每與此煞關通

爵星

子申年土未亥年火丑午年水寅巳年木酉戌年金卯年氣辰年

孛按之頗有驗亦姑存之

將星

子辰申年在子丑巳酉年在酉寅午戌年在午卯未亥年在卯水金火木之年各就帝旺之地經云將星文武兩相宜祿重權高自可知不作宰臣淸要職便居帥府擁旌旗

刃星

刃取宰割之義祿過則刃生故刃居祿前一位亦劫財爲刃以旺處即劫財卯午酉子爲甲丙戊庚壬之祿前一位幷皆劫財旺地

故謂之刃乙祿卯寅爲祿之前位丁巳祿午巳爲祿之前位辛祿酉申爲祿之前位癸祿子亥爲祿之前位亦即劫財旺地其爲刃何疑乃乙丁己辛癸反刃於戌丑辰未傳襲之謬亟宜改定得用則掌重權失用則搆奇禍

神煞

神煞甚夥大抵皆穿鑿支離絕無理解故多不錄即卦氣斗柄貴人文昌馬元祿元壽元的殺陰殺大殺天雄地雌大耗小耗等項似皆可解然按之於命十不一驗故併削之至於催官科甲二名尤爲誕妄既曰催官何以甲年人官在氣而催官乃在金直傷官矣漫云催乎果老云與元祿相催剋夫與元祿相催謂之催官可也與元祿相剋亦謂之催官何歟用之則顧此失彼殊爲紊亂科

甲既不問其餘年干何如又不問其於官魁科文何如而直以對宮主星當之更屬矯誣均不可從

未完二期續刊

張巢雲子平潤例

談命　壹圓

加批　貳圓

詳批　伍圓

詳批歲運　拾圓

細批終身　伍拾圓

接洽時間常日下午四時
至八時禮拜通日

寓西單迤南聚賢公寓

中華民國十六年七月初版
第一期定價大洋一元二角

著作者　張巢雲

發行者　張巢雲

發行地點　北京西單南聚賢公寓
前外排子胡同廿二號

分售處　各大書局